Photo Baby Book

My baby's first birthday book
from the birth to 1 year old with photos.

사진으로 꾸미는 우리아이 첫돌북, 포토 베이비북

사랑하는 우리 아기 ______________ 에게
엄마 아빠가 너의 시작을 기억하고 축하하며…….

세상으로의 여행, 너의 시작을 축복해

천사 같은 아가가 우리 곁에 누워 숨을 쉬고 있다고 생각하니 신기하기만 합니다.

자꾸만 말을 걸어봅니다. 자꾸만 혼잣말을 합니다. 눈, 코, 입, 눈썹, 귀 하나하나 보며 눈맞춤을 합니다.

이 아기가 우리의 미래와 희망이라고, 나에게 생긴 미래와 희망에 대해 꿈을 꿉니다.

무럭무럭 쑥쑥! 성장일기 01
my baby. 세상으로의 여행

세상으로의 여행……
너의 시작을 축.복.해—

사랑하는 우리 아기, 너를 처음 본 날

안녕! 우리 아가야~ 너를 드디어 만났구나.
엄마 아빠는 너를 사진으로 처음 보고 너무 반가워서 눈물이 났단다. 엄마는 너와 만날 날만 손꼽아
기다리고 있어. 앞으로 남은 시간 동안 엄마 뱃속에서 건강하게 잘 자라주길 간절히 빌게.
우리 아가 파이팅!

엄마 뱃속에 예쁘게 자리 잡은 너의 첫 모습이란다.
First sonogram of a fetus in mom's belly.

드디어……
우리의 아이가 태어났습니다.
힘차게 울며 그리고 우리의 가슴을 벅차게 울리며
우리의 아기가 태어났습니다.

널 만났구나. 이렇게……

엄마 아빠가 가장 기뻤던 날······ 네가 태어난 바로 그날

엄마 인생 중에 가장 힘들었던 날. 하지만 가장 감동적이고 기뻤던 날.
왜 이제야 우리 앞에 나타난 거니?! 이제부터 너는 평생 엄마 아빠의 보물 제1호!

우리 아기 태어나서 처음 찍은 사진.
Very first photo taken after birth.

네가 태어나서 받은 사랑과 축복을 기억하며
그 사랑과 축복을 또 다른 사람에게 전할 줄 아는 사람으로 커가기를

엄마는 네 잠든 얼굴을 바라보며 오늘도 기도한다.

오늘도 쿨쿨~ 잠만 자네요

꼭 잠을 자러 세상에 내려온 아기 천사 같아.
쌔근쌔근 잠든 너를 바라보고 있는 것만으로도 가슴이 뛰고 행복해.
너는 지금 무슨 꿈을 꾸고 있을까? 예쁜 꿈, 좋은 꿈만 꾸거라.

우리 아기, 잠든 모습.
Sleeping baby photo.

너의 지금을 오.래.오.래. 남겨주고 싶은
엄마 머리맡엔, 오래된 카메라 하나.
너의 표정 하나까지

다 기억해주고 싶은 엄마 마음을 알까?

방긋방긋 배냇짓, 우리 아기 귀여운 표정들

우리 아기, 씽긋씽긋 웃을 줄도 아네?
찡그린 듯 웃고, 웃는 듯 찡그리는 너의 재미난 표정. 하루에도 몇 번씩 날려주는 살인 미소에 웃음이 끊이지 않는 우리 집.

배냇짓이 귀여운 너의 모습이란다.
Baby's cute and charming faces photo.

처음 본 것들에 대한 진지한 호기심, 만져보고 싶은 마음
입에 일단 넣어봐야 알겠다는 너의 표정

아가야, 우리 아가야
우린 널 위해 세상 모든 것을 꺼내주고 싶단다.

모빌을 보고 좋아해요

살랑살랑 움직이는 모빌 친구가 신기하니? 흔들리는 모빌 따라 이리저리 함께 눈을 움직이네.
새하얀 도화지처럼 순수한 호기심으로 가득 찬 우리 아가.

모빌을 보면서 좋아해요.
Photo of my baby who likes mobile.

나는 엄.마.가 되었고
남편은 아.빠.가 되었습니다.
그리고 우린 가족이 되었습니다.

축하축하! 우리 아기의 탄생 100일을 축하해요~

세상에 인사한 지 꼭 100일이 되는 날. 100일 동안 이 세상을 구경한 소감이 어떠니?
앞으로 살아갈 많은 날들 동안 지난 100일간의 사랑만큼 너를 아낄게. 새끼손가락 걸고 꼭꼭 약속해~

우리 아기 백일 사진. 엄마 아빠의 축하 멘트도 함께 적어주세요.
Photo of celebrating a hundred-day-old baby.

영차영차, 우리에게 보여준 새로운 모습
세상의 모든 엄마들은 아가의 행동 하나하나에

별걸 다 좋아하는, 별걸 다 기억하는 사람입니다.

낑낑, 드디어 뒤집기 한판!

여러 날 몸을 뒤집으려고 낑낑거리던 우리 아가. 혼자 뒤집기에 성공했어요!
힘들어하는 모습이 너무 안쓰럽지만 우리 아가 혼자 해내다니 정말 대견해요.

순간 포착, 우리 아기 뒤집는 모습.
Photo of my baby turning over by himself/herself.

너에게 줄 맛있는 음식을 준비하는
엄마를 위해 이가 나왔네

보석처럼 새하얀 이가 쏙~나왔어요

우리 아기, 이것저것 물고 빨고 열심히 연마하더니 진주처럼 새하얀 이가 쏙 나왔구나.
매일 젖병만 빨던 너였는데 이제 씩씩하게 밥도 잘 먹는 아이로 자라겠지? 이제 하얗고 예쁜 이로 반짝반짝 미소 천사 되겠네~

하얀 이가 쏙 나왔어요. 웃는 모습이 더 예쁘지요?
Baby's clean and white teeth photo.

모두 다 기억할 수는 없지만
이렇게 예뻤던 순간들
이렇게 소중했던 순간들

엄마가 모두 담아줄게!

큰 대자로 누워 있네요~

몹시 피곤했던 모양이야.
엄마, 아빠 나 좀 그냥 내버려둬요~ 오늘 하루도 쑥쑥 자라느라 너무 피곤하다고요!
다 포기했다는 듯 큰 대자로 누워버린 귀여운 우리 아가.

세상에서 가장 편안한 우리 아기 모습.
Photo of my baby taking a rest.

하루하루 똑같이 지나가지만
하루하루 똑같은 얼굴이지만

어느새 달라지고, 어느새 더 귀해지고, 어느새 더 특별해진단다.

영차~영차~ 배밀이로 전진!

목표물 발견! 엉덩이를 씰룩씰룩, 배를 들썩들썩, 열심히 돌진! 전진! 온종일 배밀이 삼매경에 빠진 너.
땀 흘리며 짧고 굵은 다리로 바둥거리는 그 모습을 보노라면 어찌나 귀여운지 한바탕 웃음보가 터져.

배밀이 삼매경에 빠진 우리 아기 모습.
Photo of my baby crawling on his/her stomach.

엄마의 정성을 먹어주어서-
엄마의 사랑을 먹어주어서-

무럭무럭 튼튼히 자라주어서 그저 고마워.

음~바로 이 맛이야. 이유식을 맛있게 먹어요!

네 입맛에 맞을까 고민하며 열심히 만든 너의 첫 맘마.
싫어하면 어쩌나…… 갑자기 먹여 놀라면 어쩌나……
너에게 좋은 것만 먹이고 싶은 엄마 마음 생각해서 뚝딱 비워줘~!

이유식도 맛있게 먹는 우리 돼지~.
Photo of my baby feeding a baby food.

손에 잡히는 모든 것은 아가의 입안으로 들어갑니다.
어찌나 맛있게 먹는지, 도대체
우리 아가의 손맛은 무엇인지 궁금해집니다.

내 손이 제일 맛있어요

손 빨기. 우리 아가가 심심하거나 따분할 때 하는 행동. 손가락 빨기가 아무리 좋아도 엄마랑 아빠가 놀아주는 것만큼
재미나지는 않지? 조심조심 너의 관심을 끌어보는 엄마 아빠의 눈물 나는 노력을 너는 알까?

손을 쭉쭉 빨고 있어요.
Photo of my baby sucking his/her finger.

우아하고 느린 너의 속도
조금만 늦게 늦게 자라주렴.
엄마의 품에 오래오래 머물 수 있도록……

엉금엉금, 쌩쌩~ 잘도 기어요

엄마 아빠 품에만 안겨 있던 너였는데 벌써 이만큼이나 자라주었다니…….
이제 엉금엉금 잘도 기어 다니네. 앞으로 온 집안을 헤집고 다닐 말썽꾼의 모습이 눈에 선하지만,
열심히 자라주는 네가 너무 기특해.

우리 아기, 기어 다니는 모습.
Photo of my baby crawling.

허리를 세우고 고개를 가누며
엄마를 바라보는 우리 아가……

그런 너에게 눈·맞·춤

엄마! 내가 혼자 앉았어요~

손을 바닥에 대지 않고도 혼자 당당히 앉아 있는 자랑스러운 자태~ 엄마가 부르면 고개를 돌리기도 하고, 앉아서 꼬물꼬물 장난감을
만지작거리기도 하고…… 금방이라도 옆으로 쓰러질 듯 흔들흔들할 때면 엄마 마음도 콩닥콩닥.

혼자 앉아 있어요.
Photo of my baby sitting by himself/herself.

네가 우리 집 여행과 모험을 떠날 때
가장 든든한 힘이 되어준
너의 자동차, 보행기란다.

우리 아기는 베스트 드라이버! 보행기 타고 붕붕~

나는야 꼬마 운전사~
보행기를 타면 엄마와 아빠에게로 더 빨리 슝~ 달려갈 수가 있어요!
신나는 보행기 운전에 푹 빠진 우리 아기는 베스트 드라이버!

보행기 타고 붕붕.
Photo of my baby riding a baby walker.

꿈 속에서 누구에게 인사를 하고 있을까?
꾸벅꾸벅 예의 바르게 인사하며 졸고 있는 귀여운 우리 아기.

나른한 오후~ 꾸벅꾸벅 졸고 있는 아기 천사

얼마나 피곤했으면 이런 자세로 잠이 들었을까…….
이리 쿵~ 저리 쿵~ 정신 없이 꾸벅꾸벅 인사하며 졸고 있는 너의 모습. 이보다 더 평화로운 모습이 있을까?

꾸벅꾸벅 졸고 있어요.
Photo of drowsing baby.

완·벽·한·홀·로·서·기
두·발·로·홀·로·서·기

위풍당당! 두 발로 홀로서기. 혼자 일어섰어요~

손끝에 힘을 모아. 턱걸이하듯 조금씩 몸을 일으키기를 며칠째……. 영치기 영차~으라차차~
드디어 두 발로 지구를 들어올린 날! 와. 우리 아기 정말 대단해요~ 하루하루 너는 이렇게 엄마 아빠를 깜짝깜짝 놀라게 한단다.

혼자 일어섰어요.
Photo of my baby standing by himself/herself.

우리 아가는 어른들이 모르는
세상의 '맛'을 보며 자라고 있지요.

장난감을 가지고 재미있게 놀아요

오늘도 장난감을 침으로 목욕시키는 우리 아기.
좋으면 무조건 입으로 가져가고, 침을 묻혀 그 사랑을 표현하네요.
엄마의 임무는 그 장난감을 항상 깨끗하게 준비해두는 일.

장난감을 가지고 놀아요.
Photo of my baby playing with a toy.

하나/둘 변하고, 셋/넷 커가며,
다섯/여섯 자라나고, 일곱/여덟 달라지며,
아홉 사랑스럽고, 열 고마워.

짝짝짝! 우리 아기 첫돌을 축하해~

네가 세상과 만난 지 꼭 1년째 되는 날이야. 그리고 우리가 가족이 된 지 1년째 되는 날이기도 하단다.
네가 태어난 그 순간 엄마 아빠도 새로 태어나 이렇게 가족이 되었지. 너로 인해 엄마 아빠는 1년 동안 너무 행복했어.
앞으로도 엄마 아빠의 귀여운 수호천사가 되어줄 거지?

돌 잔치 모습 또는 기념 촬영.
Commemorative photo of first birthday party.

지금은 엄마 아빠의 도움 없이 잘 걸을 수 없지만
언젠간 엄마 아빠의 도움 없이 움직이고 생각하겠지.
그.래.도. 그.래.도.

엄마 아빠는 보이지 않는 힘을 네게 줄게.

뒤뚱뒤뚱, 우리 아기 첫 걸음마~

어느 날 갑자기, 두 팔 벌리고 조금씩 조금씩 엄마에게 다가오는 우리 아기.
뒤뚱뒤뚱 한 걸음씩 내딛으며 긴장하던 너의 모습. 하지만 용감하게 발걸음을 떼는 너를 보면서
엄마 아빠는 너무 기뻐서 눈물이 났단다.

뒤뚱뒤뚱 우리 아기 걸음마.
Photo of my baby toddling.

하루하루가 특별하고 귀한 날들

아가의 머리카락이 송송송 자라는 것도, 아가의 얼굴이 점점 뽀얗게 되는 것도,

아가의 두 볼에 통통히 살이 올라 턱이 두 개인 것도, 아가의 재채기와 방귀가 동시에 나오는 것도,

아가가 어느새 가누는 고갯짓도 기쁨이 됩니다.

깜찍 발랄 카리스마! 우리 아기, 베스트 포토 02

my baby, 너의 귀한 하루들

활짝 활짝 웃으며 쫑알쫑알 떠들며 짝짜꿍 손뼉 치며

우리를 응원하는

엄마 아빠의 미·소·천·사

방긋방긋, 생긋생긋 우리 집 미소 천사!

방긋방긋, 생긋생긋~ 네가 웃으면 캄캄한 밤이라도 대낮처럼 환한 불이 켜지고
네가 웃으면 봄날의 새싹처럼 초록의 향기가 나.

우리 아기, 예쁘게 웃는 모습.
Photo of my baby with beautiful smile.

백 번이 모자라 천 번을 말하고
천 번이 모자라 만 번을 말해.

"너를 정말 사랑한다고."

애교둥이, 재롱둥이 우리 아기, 아가표 예쁜 짓~

미안해요. 고마워요. 사랑해요. 이 모든 말을 하나의 행동으로 표현하는 우리 아가.
엄마 아빠를 1초 만에 항복시키고 1초 만에 행복하게 만드는 우리 아가표 애교.

우리 아가표 예쁜 짓.
Photo of my baby's cutest moment.

배고플 때 울고, 응가하면 울고, 쉬하면 우는

우리 아가가 기특하고 예쁘기만 합니다.

네가 우는 모습조차도 엄마는 너무 사랑스러워~

우유병을 보물처럼 꼭 끌어안고 있는 너. 배고프다며 엄마 품을 찾는 너.
눈물 쏙 빠지게 울다가도 젖을 물리면 울음 뚝! 매일 배고프다 보채는 아가야.
엄마가 좋아? 맘마가 좋아?

우리 아기 우는 모습.
Photo of my crying baby.

젖냄새 가득한 배냇짓도 어느새 숨긴 채
이젠 표정도 풍부해지고 눈 맞추며 소리도 제법 지르는 모습에
가족들의 심장이 행복과 기쁨으로
콩닥콩닥 뛰고 있답니다.

행복한 우리 집 가족사진

매일 아기 독사진만 찍게 되는 건 예쁜 아기를 둔 엄마 아빠들의 불치병.
이번엔 우리 식구들을 한 프레임에 찰칵. 가족이란 이름으로 만난 서로에게 가장 소중한 사람들.

가족사진.
Family Photo.

보드라운 촉감과 향긋한 비누향
바라보는 것만으로도

엄마의 행복도 참/방/참/방/ 튀는 시간

참방참방, 즐거운 목욕 시간~

목욕물에 담그면 징징거리다가도 귀여운 장난감 친구들을 넣어주면 금세 까르르~
우리 아기는 물로 목욕을 하고, 엄마는 땀으로 목욕하는 시간.
그래도 반짝반짝 빛나는 너를 보면 엄마는 행복하단다.

목욕하는 모습.
Photo of my baby taking a bath.

지금 우리 앞에서 프로포즈 한 거니 아가야?
프로의 포즈 같은걸!

우리 아가만 할 수 있어요. 베스트 포즈~

이렇게 하면 엄마도 아빠도 나에게 홀딱 반해버릴걸?
어디서 보고 배웠는지 시키지도 않은 자세로 베스트 포즈를 취하는 아가의 모습. 너무 예쁘게 찍힌 오늘의 포토제닉을 공개해요~

베스트 포즈.
Best shot.

엄마에게 널 얼마만큼 사랑하냐고 묻지 말아줘!
엄마는 그 대답을 하려면 평생을 답해도 모자랄 만큼

널 사.랑.하.니.까!

냠냠~ 잘 먹어서 예뻐요

과자를 잡은 너의 손, 오물거리며 간식을 먹는 너의 입만 바라보고 있어도 엄마는 세상에서
제일 맛있는 음식을 먹은 것처럼 행복하고 즐거워.
네 입에서 느끼는 달콤함보다 그런 너를 바라보며 느끼는 달콤함이 더 크단다.

간식을 먹고 있어요.
Photo of my baby eating snacks.

이젠 혼자서도 잘 놀아요

혼자 놀기에 열심인 우리 아가. 똘망똘망 눈으로 신기한 듯 들여다보고, 작은 손으로 이리저리 만져도 보고,
웅얼웅얼 혼잣말도 해보고……. 이젠 다 컸네! 네가 자라는 것이 기쁘기도 하지만 한편으론 아쉬움이 드는 엄마 마음을 너는 알까?

놀이에 푹 빠진 우리 아기.
Photo of my baby playing.

오늘도 우리 아가 '변'했나 봐요

황금색 건강한 응—가

이건 찍지 마세요~ 지금은 응가 ing……

네게 아픈 곳은 없는지, 소화는 잘되고 있는지, 네 몸속 신호등이 되어주는 응가.
잘 먹고 잘 싸면 건강하다는 어른들의 말씀을 엄마는 이제야 알겠어. 이제 응가하는 네 모습만 봐도 엄마는 속이 다 후련하단다.

쉿, 우리 아기는 지금 응가 중.
Photo of my baby when he/his is doing a poo.

엄마 아빠가 대신 아파해줄 수 있었으면 좋겠지만
마음으로만 아파해줄 수밖에 없어서 미안해.

엄마 아빠가 대신 아파해줄 수 있었으면 좋겠지만
마음으로만 아파해줄 수밖에 없어서 미안해.

살다 보면 이런 날도 있죠 뭐~. 영광의 상처!

세상 엄마들이 다 그렇겠지만 네가 아프면 엄마도 아파. 고운 네 몸에 생긴 자그마한 상처도 엄마 마음에는 커다란 흉터로 남지.
네게 정말 좋은 엄마가 될 수 있을까 조금은 자신감을 잃었던 날이야.

많이 아팠지. 우리 아기.
Photo of my baby when he/she got hurt.

엄마, 예쁜 바람이 불어요.
바람에서 엄마 냄새가 나요-

가족과 함께 여행을 갔어요

가족 여행을 갈 때도 역시 우리 아가가 주인공~

이것저것 챙겨야 할 것도 많고 조심해야 할 것도 많지요. 집을 떠나서 멀리멀리 낯선 곳으로 떠나는 여행.

아가야 앞으로도 좋은 곳에 많이 많이 데려갈게~

여행지에서 한 컷!
Family Travel photo.

엄마는 다른 엄마들처럼
비싼 옷, 비싼 신발은 안 사줄 거야.
대신 더 좋은 엄마 마음
더 좋은 엄마의 시간을 네게 줄게……

이 옷을 입을 때가 제일 예뻐요

어떤 옷을 입어도 깜찍한 우리 아가지만, 이 옷은 특히나 잘 어울려요~
아가도 손 흔들며 좋아하는 옷. 너도 예쁘다는 걸 아는구나?

예쁜 옷을 입었어요.
Photo of my baby wearing awesome outfit.

너의 산타가 되어줄게.
우리 아가가 울어도
선물을 주는 단 한 명의 산타가.

너의 루돌프가 되어줄게.
길이길이 기억될 너의 루돌프가.

너에게 징글벨을 울려줄게
행복과 기쁨의 징글벨을…….

우리 아기와 함께한 해피 크리스마스~

우리 아기, 메리 크리스마스~
너는 엄마 아빠가 받은 최고의 크리스마스 선물이란다. 그리고 네가 있는 크리스마스는 매년 최고의
크리스마스가 될 거야. 따뜻한 겨울을 선물해줘서 고마워~ 아기 산타야~

메리 크리스마스!
Christmas photo with my baby.

우리 아가에게 보여주고 싶은 일상의 풍경들, 함께 보고 싶은 낯선 지명의 나라와 도시들,

아가를 앞에 앉히고 읽어주고 싶은 책들, 알려주고 싶은 꽃 이름들,

둘이 손잡고 가며 부르고 싶은 노래, 입혀주고 싶은 귀여운 롬퍼와 운동화……

우리 아기, 탄생 스크랩! 03

my baby, 처음 시작을 기억해

이름이 생겼어요.
그리고 이렇게 세상에 이름을 알렸지요.

이제 <u>우리 아가는 지구인</u>이에요.

우리 아기도 이제 대한민국 국민이에요. 대~한민국!

엄마 아빠에게는 이미 가족이 된 너지만,
출생 신고는 세상으로 나가는 너에게 작은 문을 열어주는 일.
너의 주민등록번호를 받아들고 신기해서 한참을 들여다보고 또 들여다봤어……

출생증명서 또는 신생아 수첩 혹은 사진을 붙여주세요.
Photo related to birth certificates.

다이아몬드 촘촘히 박힌 팔찌보다
반짝반짝 빛나는 보석이 가득한 팔찌보다

엄마는 우리 아기랑 이렇게 똑같은 팔찌를 나눈 날
비로소 행복을 아는 사람이 되었어.

엄마와 우리 아기를 가족으로 연결해주었던 출생 팔찌

엄마는 이제 우리 아가의 엄마. 우리 아가는 이제 엄마의 아가.
이렇게 우리 두 사람을 소중히 연결해주었던 너의 출생 팔찌. 엄마는 우리 아가의 처음 시작들을 이렇게 기억해주고 싶단다.

병원 팔찌 혹은 사진을 붙여주세요.
Photo of birth bracelet.

신생아 수첩에 푸른색 잉크로 아가의 발자국이 찍혀 있지요.
세상으로의 푸른 첫걸음
엄마랑 아빠가 너의 첫걸음을 기억해줄 거야.

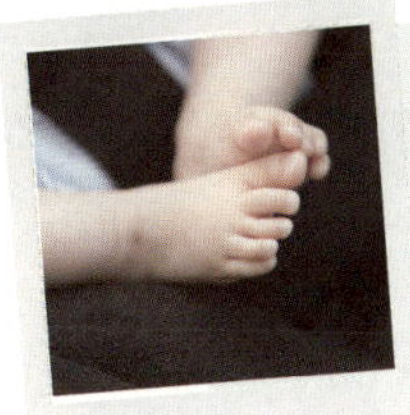

앙증맞은 너의 손도장, 발도장.

앙증맞은 너의 손도장, 발도장. 나중에 많이 자라서 이걸 본다면 얼마나 신기해할까. 기억하렴.
너에게도 이렇게 작은 시절이 있었다는 거. 이렇게 작은 너를 아껴주던 엄마 아빠가 있었다는 거.

손도장, 발도장을 찍거나 사진을 붙여주세요.
Photo of hand-print and foot-print.

네가 처음 입은 이 옷은
엄마가 잘 간직하고 있을게.
네 아가향을 오래오래 기억하고 싶어.
엄마는……

아직도 너의 향기가 가득한 배냇저고리란다

네가 태어나기 전부터 준비해두었던 너의 배냇저고리. 엄마는 배냇저고리를 보면서 너의 모습을
상상했단다. 그렇게 태어난 너는 엄마의 기대보다 더 예쁘고 사랑스러운 아가였어.

우리 아기 처음 입은 배냇저고리.
Photo of my baby's first clothes.

우리 아가가 작사 작곡하여 들려주는 따따따 나팔소리.
예쁜 나팔 불어주면 엄마 아빠는 행복한 웃음 지으며 박수칩니다.

우리 아기 최초의 친구, 장난감들

천장에 매달린 모빌이랑 하루온종일 놀아도 지루하지도 않나 봐요.
딸랑딸랑~ 딸랑이는 우리 아가가 제일 좋아하는 단짝 친구. 너는 기억해줄까?
이렇게 소중한 어린 시절 친구들이 있었다는 사실…….

우리 아기 첫 장난감.
Photo of my baby's first toy.

요만했었어, 요만했다구.
우리 아가의 발이 요만했었다구.
이 발로 엄마 뱃속에서 엄마 배를 차기도 했고
이 발로 엄마에게 달려와 안겼었지.

요정이 신었을 것 같은 우리 아기 양말, 신발~

모두모두 너무 작은 우리 아가 물건들. 그 조그만 발을 조그만 양말에 넣고,
다시 조그만 신발을 신고서 아장아장 폴짝폴짝 세상 탐험을 나서요.

우리 아기 양말과 신발.
Photo of my baby's socks and shoes.

엄마 아빠는

우리 아가 유모차의 유일한 운전자

우리 아기의 이동 침대, 유모차

아빠는 아가의 유모차 운전사~
아가는 편안히 앉아, 햇볕도 피하고 바람도 피하고~ 유모차는 우리 아가 첫 번째 자가용이죠.

너의 미래에 대해
네가 우리에게 준 힌트
좋아! 우리가 너의 든든한 힘이 되어줄게!

너의 미래에 대한 메시지. 첫돌에 이걸 집었어요!

엄마 아빠는 너의 선택을 존중해. 네가 무엇을 선택하든 엄마 아빠는 언제나 네 편이 되어 응원해줄게.
우리 아기, 아자아자 파이팅!!

첫돌에 집었어요.
Photo of item when my baby picked at the first birthday party.

우리 아가는 엄마 아빠의 미래와 희망, 용기와 감동

모든 것을 새롭게 바라보게 되었고 모든 것을 내가 아는 가장 쉬운 말로 이야기합니다.

아는 것도 몰랐던 것인 양 모르는 것도 아는 것인 양 그저 자신감 있는 목소리를 들려줍니다.

엄마가 되고부터는 아가에게 말해주고 싶고 보여주고 싶은 것이 참 많아지고 있습니다.

묻지 않아도 대답을 하고 아가가 대답을 하지 않아도 나는 아기에게 묻습니다.

아가의 눈망울은 맑고 깊고 넓어 모든 세상의 아름다운 풍경을 담아놓고만 싶습니다.

우리 아기에게 보내는 소망편지 04

my baby, 너의 미래를 축복해

지금 생각해보면 엄마와 아빠는
너를 만나기 위해 사랑을 했나 봐.

엄마랑 아빠랑 처음 만나서 찍은 사진이야

너는 모르는 엄마와 아빠의 비밀이야기.
세상에서 엄마가 가장 사랑하는 사람은 아빠, 아빠가 가장 사랑하는 사람은 엄마였던 시절의 모습이야.
하지만 이제 엄마와 아빠의 사랑은 모두 너를 향해 있다는 거 알고 있지?

엄마, 아빠 연애사진.
Photo of mom and dad when were dating.

언젠가는 네가 이렇게 묻겠지?
'여긴 내가 왜 없어요?'라고.
그때 엄마는 네게
어떤 달콤한 거짓말을 해줄까 생각 중이야.

엄마 아빠의 결혼식 사진이란다

검은 머리가 파뿌리 되도록 평생을 사랑하며 살겠습니다.
기쁠 때나 슬플 때나 늘 서로의 곁에 있겠습니다. 그 모든 약속의 증표가 되어준 것이 바로 너란다.

행복한 결혼식 사진.
Mom and dad's wedding photo.

정말 아빠가 그랬어.
나중에 우리에게 아기가 태어나면
이곳에 다시 한 번 오자고……
네가 조금만 더 크면

우리 함께 이곳으로 가자.

너를 꿈꾸었던 엄마 아빠의 신혼여행

이때 이미 넌 엄마 아빠의 마음속에 함께였어. 미래의 너에 대한 이야기들로 꼬박 새웠던 밤.
넌 어느 별에 꼭꼭 숨어 있다가 축복처럼 우리 앞에 나타난 거야?

신혼여행 사진.
Mom and dad's honeymoon photo.

엄마를 위해서가 아니었어.
다 너를 위해서 먹었던 거야.
엄마의 증인이 되어줄 거지?

네가 엄마 뱃속에 있을 때 가장 먹고 싶었던 음식이란다

넌 엄마 뱃속에서 먹고 싶은 것도 많았나 봐. 사오기 힘든 음식을 어쩜 그렇게 잘도 골라서 아빠를 고생시키던지.
이건 엄마와 우리 아기가 제일 좋아했던 음식이란다.

임신 중 먹고 싶었던 음식.
Food photo the one which mom loved to eat during pregnancy.

혼자가 아닌 셋......
엄마 아빠 그리고 우리 아가

네가 엄마 뱃속에 있을 때의 엄마 모습이야

엄마 모습 어때, 멋지지? 이때 엄마의 둥근 뱃속에는 네가 무럭무럭 자라고 있었단다.
엄마와 네가 한몸이 되어 엄마는 두 배로 힘이 났단다.

엄마의 임신 모습.
Photo of mom during pregnancy.

우리 아가는 엄마 아빠의
미래와 희망, 용기와 감동······.

너를 가졌을 때 엄마는 이런 태몽을 꾸었단다
A precognitive dream when mom carried a baby.

너의 태명은 ＿＿＿＿＿＿＿＿＿ 였어. 그 이유는……

Write down baby's nickname and the reason why you named it.

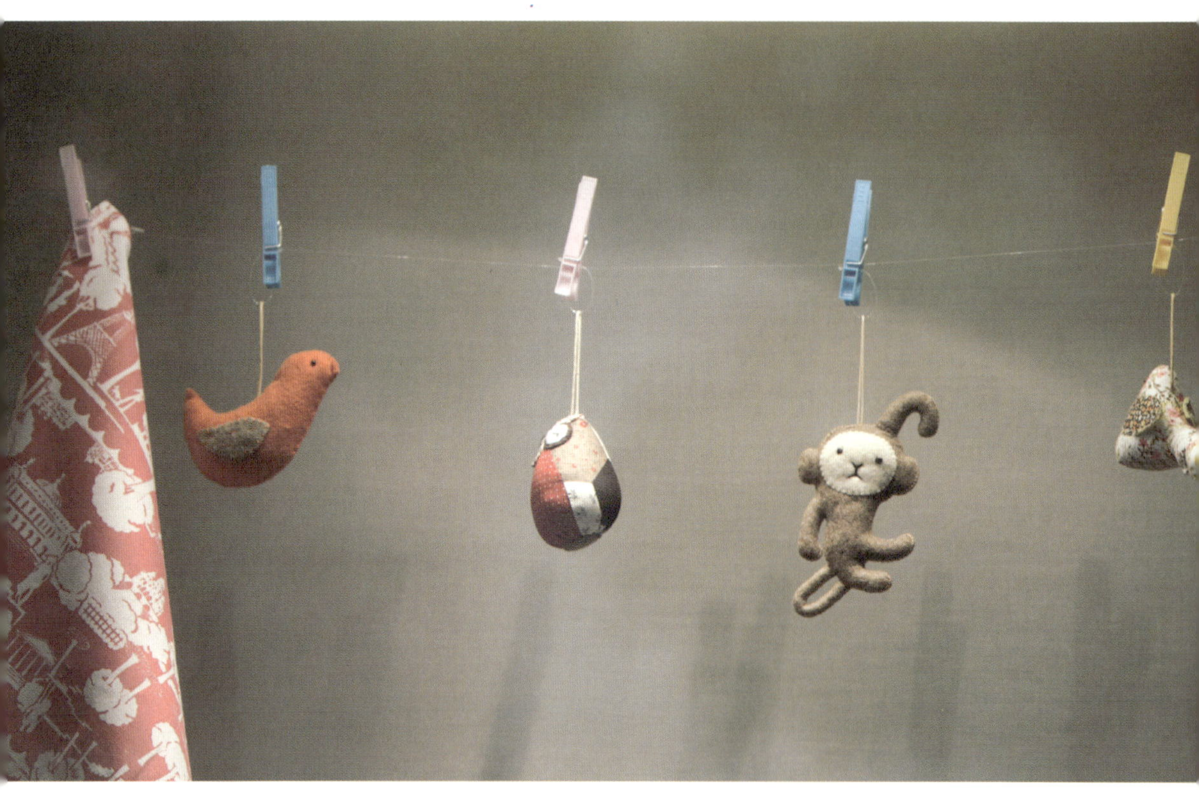

너의 심장박동을……

너의 호흡을……

너의 꿈을……

네가 엄마 뱃속에 있을 때 엄마 아빠가 들려준 동화란다
Write down the fairy tale what mom and dad told fetus.

네가 엄마 뱃속에 있을 때 엄마 아빠가 들려준 음악이란다
Write down the name of music what mom and dad played for fetus.

뽀드득 목욕하고
우유 먹고 잠드는 오후
평화롭고 사랑스러운 날들……

네가 태어나기 전에 엄마 아빠 생활은 이랬단다

Write down mom and dad's life before baby was born.

네가 태어난 후 엄마 아빠 생활은 이렇게 변했단다

Write down mom and dad's changed life after baby was born.

네가 우리를 특별하게 만들어주었어.
네 반짝이는 웃음이 우리를 비춰준단다.

엄마 아빠는 네가 이런 사람이 되었으면 좋겠어

Write down baby's future what mom and dad wish.

약속해, 너에게 이런 엄마, 이런 아빠가 될게

Write down your promises that you'll be a good mom and dad.

사진으로 꾸미는 우리 아이 첫돌북, 포토 베이비북 : 출산부터 첫 돌까지

사진 · 글 | 김효정 (밤삼킨별) 펴낸이 | 김종길
펴낸곳 | 인디고 출판등록 | 제7-312호 주소 | 서울특별시 마포구 양화로 12길 8-6 (서교동) 대륭빌딩 4층 전화 | 02-998-7030 (대표) 팩스 | 02-998-7924
이메일 | bookmaster@geuldam.com 개정2판 1쇄 인쇄 | 2012년 6월 15일 개정2판 4쇄 발행 | 2014년 1월 10일

ISBN 978-89-92632-56-0 13810
www.indigostory.co.kr